AF316143

OBSERVATIONS

SOUMISES

AUX DÉPUTÉS DE LA FRANCE.

Imp. stér. de L.-E. HERHAN, rue des Bouch.-St.-Germain, n° 38.

OBSERVATIONS

SOUMISES

AUX DÉPUTÉS DE LA FRANCE.

CAUSES GÉNÉRALES DE LA MISÈRE PUBLIQUE :

L'IMMORALITÉ, L'ÉGOÏSME, L'USURE, L'EXCÈS DANS LE PRIX DES LOYERS, L'EXHORBITANCE DES CONTRIBUTIONS

CAUSES PARTICULIÈRES :

LES MONTS-DE-PIÉTÉ, LA LOTERIE, LES MAISONS DE JEU, LES FILLES PUBLIQUES, LE BESOIN DE BANQUES SECONDAIRES POUR LE COMMERCE DU DEUXIÈME ET DU TROISIÈME ORDRE, ET L'INDUSTRIE ARTIFICIELLE.

N'est-ce pas le devoir d'un bon citoyen d'indiquer les abus, afin d'en obtenir la réforme et de les faire éviter à l'avenir ?

PRIX : 1 fr.

Paris.

CHEZ TOUS LES LIBRAIRES DE LA FRANCE.

Chez D'AUTHEREAU, libraire, rue de Richelieu, N° 20 ; Et à l'Atelier de brochure, reliure, cartonnage, collage de cartes géographiques, de marines et autres, sous la Direction de M. ENTHEAUME, Quai de l'École, N° 18, près le Louvre.

1828.

de la

ancien adjoint,
maire d'arr

PREMIÈRE PARTIE.

ÉLÉMENS D'ORGANISATION.

TITRE PREMIER.

Pouvoir législatif.

§ 1ᵉʳ.

Chambres nationales et provinciales.

Art. Iᵉʳ La puissance législative s'exerce, au nom du peuple et du chef de l'état, collectivement et suivant l'ordre hiérarchique, savoir : pour les intérêts nationaux, par un conseil-d'état et par deux chambres représentatives, l'une de la *Propriété*, l'autre de l'*In-*

dustrie ; pour les intérêts de localités, dans chaque département, dans chaque arrondissement et dans chaque commune, par des préfets, sous-préfets et maires, assistés de conseils de préfecture, sous-préfecture et mairie (*V. ci-après, art.* 7, § 10, et *art.* 14), et par deux chambres représentatives, l'une de la *Propriété*, et l'autre de l'*Industrie*.

II. Les attributions de la puissance législative sont déterminées par la nature de ces attributions.

En quelque matière que ce soit, de droit public, de droit politique et de droit des gens (*), toute résolution, toute mesure, toute volonté, qui ne se rattache pas à l'exécution d'une loi déjà pro-

(*) Voyez, pour les définitions, l'Esprit du droit, p. 2, et la Science du publiciste, vol. 1, Préf., p. LXV.

mulguée, est l'objet d'une loi nouvelle, et ne peut légitimement émaner que de la puissance législative, sur la proposition de l'une de ses trois branches indistinctement, mais avec la sanction expresse du chef de l'état.

III. Chaque département a de un à trois représentans dans l'une et dans l'autre chambre nationale.

Le nombre des membres des chambres départementales, cantonales et communales, est fixé par une loi.

La division du territoire par départemens, par arrondissemens ou cantons, par communes et par districts ou sections de commune, est déterminée par une loi en raison de la population, du territoire et des produits de la propriété foncière et de l'industrie (*).

(*) En France, par exemple, les communes nouvelles

IV. Les membres des Chambres sont élus par la classe qu'ils représentent.

Ils sont choisis dans son sein.

Ils sont élus dans le lieu où ils ont, depuis un an au moins, leur domicile, un établissement ou des propriétés.

Ils sont pris dans la dixième partie des citoyens composant, ainsi qu'il est exprimé ci-après (art. 9 et 13), les colléges électoraux de département, d'arrondissement et de commune.

Ils sont âgés au moins de quarante ans dans les chambres nationales, de trente-cinq dans les chambres départementales, de trente dans les chambres cantonales, de vingt-cinq dans les chambres communales.

correspondraient à peu près aux cantons présentement existans ; et les communes, à peu près telles qu'elles subsistent aujourd'hui, ne seraient que des districts ou sections de commune, administrées par un adjoint ou délégué de maire, à la nomination et sous la surveillance du maire.

Ils seront ou auront été mariés ; ils auront ou auront eu des enfans légitimes, légitimés ou adoptifs.

Les membres des chambres nationales auront été membres des chambres départementales ; les membres des chambres départementales, des chambres cantonales ; les membres des chambres cantonales, des chambres communales.

V. Les fonctions des membres des chambres nationales, départementales, cantonales et communales, sont incompatibles avec toute fonction qui, de sa nature, se rattache à l'exercice de la puissance exécutive ou de la puissance judiciaire.

Ces membres ne peuvent même, sans crime et sous peine de forfaiture, accepter pour eux, ni solliciter pour qui que ce soit, aucun titre, place, don, grâce ou faveur, émanant directement ou indirectement de la munificence du chef du gouvernement.

Il est pourvu à leur remplacement, s'ils sont reconnus coupables d'infraction à cette disposition, s'ils tombent en état de déconfiture ou de faillite, ou s'ils se trouvent sous le poids d'une condamnation, passée en force de chose jugée, emportant contrainte par corps, ou privation des droits civils pour quelque cause et en quelque matière que ce soit.

Ils cessent de plein droit leurs fonctions à l'âge de soixante-cinq ans révolus, s'il n'a pas été procédé jusque-là à leur remplacement ; ce que les colléges électoraux ont le droit de faire, de cinq en cinq ans, sur la provocation de sept électeurs.

Ils jouissent d'une pension de retraite réglée de manière à ce qu'elle soit égale au moins au quart de leur traitement.

Ce traitement est déterminé par une loi ; et il doit être tel, qu'il soit un supplément de garantie de leur indépendance.

Ils sont justiciables des cours et tribunaux ordinaires, même pour crimes et délits présumés commis pendant l'exercice de leurs fonctions.

Ils doivent y être jugés, suivant l'ordre hiérarchique, en audience solennelle, toutes chambres réunies, ainsi qu'il est spécialement prescrit, par l'art. 27 ci-après, relativement aux membres des chambres nationales, aux ministres et aux autres principaux agens responsables de la puissance exécutive.

VI. Les chambres se réunissent, de

plein droit , chaque année , savoir : les chambres communales au 1ᵉʳ septembre ; les chambres cantonales au 1ᵉʳ octobre ; les chambres départementales au 1ᵉʳ novembre, et les chambres nationales au 1ᵉʳ décembre.

Les chambres communales , cantonales et départementales , restent assemblées pendant un mois ; et les chambres nationales pendant trois.

Aucune session ne peut être prorogée au-delà de ces termes, ni avoir lieu à une autre époque , si ce n'est sur la convocation des agens de la puissance exécutive, publiée de manière à ce que tout membre puisse venir y prendre séance au jour de l'ouverture.

VII. A l'ouverture de chaque session, le président provisoire de chaque chambre est désigné par ancienneté d'âge.

Ce président indique les membres d'un bureau provisoire.

Il est ensuite procédé à la formation définitive du bureau, à un seul scrutin de liste et à la pluralité des voix.

Le bureau définitif se compose du président, de cinq scrutateurs et d'un secrétaire.

Cinq au moins des membres qui en font partie sont présens à toutes les séances.

La police de chaque chambre appartient au président de cette chambre.

Les réglemens intérieurs sont discutés et adoptés dans chaque chambre.

Le chef de l'état, les membres de sa famille, les ministres, sous-ministres, préfets, sous-préfets, maires et délégués de maire, ne peuvent y siéger que dans la séance d'ouverture.

La présentation du budget a lieu, chaque année, dans cette séance.

Toutes communications de la part de la puissance exécutive, et autres, sont transmises par écrit aux chambres nationales, cantonales et communales ; et toutes discussions sur les projets de loi y sont soutenues par des orateurs tirés, au degré hiérarchique correspondant, du sein du conseil-d'état, des conseils de préfecture, de sous - préfecture et de mairie.

Pour que les chambres puissent délibérer et voter, le nombre des membres présens doit être des deux tiers au moins.

La moitié des membres présens, plus sept dans les chambres nationales, plus cinq dans les chambres départementales, plus trois dans les chambres cantonales, plus nn dans les chambres communales, súffit pour l'adoption ou pour le rejet.

Les délibérations sont publiques pour toute personne qui se présente porteur d'une carte d'électeur.

L'appel nominal, et le scrutin secret, par boules blanches et noires, ont lieu toutes les fois qu'il s'agit de voter sur l'ensemble des projets de loi ou lorsque cinq membres le requièrent.

§ 2.

Colléges électoraux.

VIII. Toute assemblée électorale se divise en deux colléges : l'un de la *Propriété*, l'autre de l'*Industrie*.

Les colléges dont les membres sont au nombre de plus de six cents, se divisent en sections dont chacune ne peut être moindre de trois cents.

IX. Les membres des colléges électoraux doivent être domiciliés, de fait et
depuis un an au moins, dans l'arrondissement du collége électoral dont ils
font partie.

Ils doivent être âgés d'au moins vingt-
cinq ans, et jouir de l'intégralité de
leurs droits civils.

Dans les colléges de la *Propriété*, ils
doivent faire partie des deux tiers des
propriétaires de biens-fonds les plus im-
posés, soit de leur chef, soit du chef de
leur femme, de leurs enfans ou de leurs
ascendans.

Dans les colléges de l'*Industrie*, ils
doivent faire partie des deux tiers des
citoyens payant de même, soit de leur
chef, soit du chef de leur femme, de
leurs enfans ou de leurs ascendans, la
plus forte somme de contributions di-

rectes, et exerçant une profession (*intel-lectuelle*, *matérielle* ou *industrielle*) libre et indépendante.

Les biens et les impôts des femmes et des parens qui ne sont pas électeurs, peuvent être attribués au mari ou à l'héritier présomptif, à quelque titre que ce soit, pour déterminer sa capacité et son droit d'électeur.

La qualité d'électeur est incompatible avec toute fonction, qui, de sa nature, se rattache à l'exercice de la puissance exécutive.

X. Chaque année, dans le courant du mois de janvier, les listes des électeurs et des éligibles, indicatives de leur âge, dressées par ordre alphabétique et ayant un même ordre de numéro pour chaque liste, sont affichées, rendues publiques et constamment renouvelées, pendant tout le cours de l'année , par les soins des préfets, des sous-préfets et des maires.

Les cours et tribunaux , chambre du *Contentieux* (*voy. ci-après*, art. 32.) connaissent des réclamations et contestations auxquelles ces listes peuvent donner lieu.

Les changemens, additions ou retranchemens faits à ces listes sont pareillement affichés et rendus publics sans aucun délai.

La division des colléges en sections est faite par le préfet, en conseil de préfecture, d'après l'ordre des numéros.

La liste définitive de chaque collége ou section de collége est transmise au président d'âge du collége ou de chaque section, et affichée dans le lieu des séances; des cartes individuelles sont adressées, sept jours au moins avant l'ouverture de la première séance, au domicile de chaque électeur.

XI. Toutes les fois qu'il y a lieu à la réunion d'un collége, ce collége s'assemble, de plein droit, le premier du mois; et il peut procéder sept jours de suite, sans qu'il soit besoin d'aucune convocation ou prorogation émanée des agens de la puissance exécutive.

XII. A l'ouverture de chaque collége ou section de collége, un président provisoire est désigné par ancienneté d'âge.

Ce président indique les membres d'un bureau provisoire.

Il est ensuite procédé à la formation définitive du bureau, à un seul scrutin de liste et à la pluralité des voix.

Le bureau définitif se compose d'un

président, de cinq scrutateurs et d'un secrétaire.

Cinq au moins des membres qui en font partie, sont présens à toutes les séances.

Le bureau juge provisoirement toutes les difficultés qui s'élèvent sur les opérations du collége ou de la section, sauf la décision définitive de la chambre dont l'éligible doit faire partie.

La police du collége ou de la section appartient au président.

Le collége ou la section se constitue, lorsqu'il s'y trouve sept membres en sus du nombre de membres nécessaire pour la formation du bureau.

Si le nombre des membres présens est suffisant pour que le collége ou la section se constitue, les élections sont valables.

Le scrutin est secret. Chaque électeur

écrit ou fait écrire, par un autre électeur
de son choix, son vote, sur un bulletin
qu'il reçoit à cet effet du président; il
remet ensuite ce bulletin, écrit et fermé,
au président, qui le dépose en sa présence dans l'urne destiné à cet usage.

Les noms, qualités et domicile de chaque électeur qui dépose son bulletin
sont inscrits par le secrétaire, ou par
l'un des scrutateurs présens, sur un re-
gistre destiné à constater le nombre des
votans.

Celui des membres du bureau qui a
inscrit les noms, qualités et domicile de
l'électeur, et l'électeur lui-même, s'il le
juge convenable, signent en marge.

Chaque séance s'ouvre à huit heures du
matin; il ne peut y en avoir qu'une par
jour; elle est close aussitôt après le dépouillement du scrutin.

Après être resté ouvert au moins pendant six heures, chaque scrutin est clos à trois heures du soir, et dépouillé séance tenante.

Les élections ont lieu à la majorité simple des votes. Dans tous les cas où il y a concours par égalité de suffrages, l'âge décide de la préférence.

L'état de dépouillement du scrutin de chaque section est arrêté et signé par le bureau. Il est immédiatement porté par le président de la section au bureau de la première section du collége, qui fait, en présence des membres de tous les bureaux de section, le récensement général des votes.

Le résultat de chaque tour de scrutin est sur-le-champ rendu public.

Les colléges électoraux ne s'occupent que des élections. Toutes discussions et délibérations étrangères à cet objet leur sont interdites.

Il faut en être membre pour y être admis, les séances n'étant pas publiques.

XIII. Les colléges électoraux de commune ou de premier degré élisent un dixième de leurs membres, pris parmi ceux qui remplissent d'ailleurs les conditions requises pour l'éligibilité. (*Voyez ci-dessus*, art. 4.)

Les membres élus se réunissent au chef-lieu de l'arrondissement; ils y forment les colléges d'arrondissement ou de deuxième degré.

Les colléges d'arrondissement élisent un dixième de leurs membres pris parmi ceux qui remplissent les conditions de l'éligibilité.

Les membres élus se réunissent au

chef-lieu du département; ils y forment les colléges de département ou de troisième degré.

Les colléges de commune élisent, dans leur sein, les membres des chambres communales, et, sur la présentation qui leur est faite, conformément à l'art. 33 ci-après, les membres des justices communales.

Les colléges d'arrondissement élisent, dans leur sein, les membres des chambres cantonales, et, sur la présentation qui leur est faite, conformément à l'article 33 ci-après, les membres des tribunaux d'arrondissement.

Les colléges de département élisent, dans leur sein, les membres des chambres nationales et des chambres départementales; comme aussi, sur la présentation qui leur est faite, conformément à l'art. 33 ci-après, les membres de la cour-suprême judiciaire, et les membres des cours judiciaires de département.

TITRE II.

Pouvoir exécutif.

§ 1er.

Agens de la puissance exécutive.

ART. XIV. La puissance du chef de l'état s'exerce, au nom du chef de l'état, d'une part et quant à la conception et délibération, par l'intermédiaire d'un conseil d'état, de conseils de préfecture, de sous-préfecture et de mairie ; d'autre part et quant à l'administration et à l'exécution, par l'intermédiaire de ministres, de sous-ministres ou sous - secrétaires - d'état, d'ambassadeurs et autres agens diplomatiques, de préfets, sous-préfets, maires et adjoints ou délégués de maire, de procureurs et avocats-généraux, ou officiers du ministère public près des cours et tribunaux.

XV. Le chef de l'état sanctionne la loi.

Sa personne est inviolable.

Il ne peut commander les armées en personne que dans les cas d'envahissement du territoire.

Lui seul exerce le droit de grâce et de commutation de peine.

Il ne peut l'exercer : 1° si les dommages éprouvés par la partie civile, et qui peuvent être réparés, ne l'ont pas été ; 2° dans les cas de récidive ; 3° avant l'instruction et la prononciation du jugement, ni un mois après sa notification et publication, sauf le délai légal en raison des distances. La notification et la publication doivent avoir lieu dans la huitaine de la prononciation. L'exécution ne peut avoir lieu qu'après l'expiration du délai fixé pour le recours en grâce.

XVI. La liste civile est déterminée par la puissance législative, à chaque avènement.

XVII. Les ministres, sous-ministres, préfets, sous-préfets, maires, adjoints ou délégués de maire, et les officiers du ministère public près des cours et tribunaux, promulguent la loi dans les vingt-quatre heures qui suivent la sanction donnée par le chef de l'état; et ce, suivant un mode de publication qui lui-même est prescrit par une loi.

Leurs attributions se renferment dans

les actes, mesures, ordonnances et réglemens de pure exécution.

Ils sont individuellement responsables du défaut de promulgation et d'exécution de la loi, et de tous les actes et faits de leur ministère et administration non conformes à la loi.

XVIII. Le nombre des membres du conseil-d'état, des conseils de préfecture, de sous-préfecture et de mairie, est déterminé par une loi.

Les ministres sont au nombre de trois; le ministre de l'*intérieur*, le ministre des *relations extérieures*, le ministre des *finances* ou du *trésor*.

En temps de guerre, il est créé un généralissime ou un major-général et un ministre - directeur de l'administration de la guerre (*).

Il y a un préfet et au moins trois conseillers de préfecture par département ; un sous-préfet et au moins trois conseillers de sous-préfecture par arrondissement ; un maire et au moins trois conseillers de mairie par commune ; et un adjoint ou délégué de maire par district ou section de commune.

XIX. Les ministres, les conseillers d'état, les principaux agens diplomatiques, le procureur et les avocats-généraux près la cour-suprême judiciaire, sont nommés et peuvent être révoqués par le chef de l'état.

Les sous-ministres ou sous-secrétaires

(*) Voyez l'Esprit du Droit, p. 339 ; la Science du Publiciste, vol. viii, p. 471 ; et ci-après, art. 22, deuxième alinéa.

d'état, les préfets, conseillers de préfecture, sous-préfets et maires, les officiers du ministère public près des cours judiciaires de département, des tribunaux d'arrondissement et des justices communales, les consuls de commerce dans les pays étrangers, sont nommés et peuvent être révoqués par les ministres ; les conseillers de sous-préfecture, par les préfets ; les conseillers de mairie, par les sous-préfets ; et les adjoints ou délégués de maire, par les maires.

Les ministres et les conseillers d'état seront âgés au moins de quarante ans ; les préfets et conseillers de préfecture, de trente-cinq ; les sous-préfets et conseillers de sous-préfecture, de trente ; les maires, les conseillers de mairie et les adjoints ou délégués de maire, de vingt-cinq.

Tout ministre et conseiller d'état

doit avoir été, pendant cinq ans au moins, préfet ou conseiller de préfecture; tout préfet ou conseiller de préfecture, sous-préfet ou conseiller de sous-préfecture; tout sous-préfet ou conseiller de sous-préfecture, maire, conseiller de mairie ou délégué de maire; tout procureur et avocat-général, officier du ministère public dans une cour ou un tribunal d'un degré inférieur.

XX. Les fonctions des agens de la puissance exécutive sont incompatibles avec toutes celles qui, de leur nature, se rattachent à l'exercice de la puissance législative ou de la puisssance judiciaire.

Ces agens sont tenus à résidence dans le lieu de leur administration.

Ils ne peuvent être continués dans leurs fonctions, lorsqu'ils ont atteint l'âge de soixante-cinq ans révolus.

Ils jouissent d'une pension de retraite réglée de manière à ce qu'elle soit égale au moins au quart de leur traitement.

Ce traitement est déterminé par une loi.

Ils sont justiciables des cours et tribunaux ordinaires pour crimes et délits relatifs à l'exercice de leurs fonctions.

Ils doivent y être jugés, suivant l'ordre hiérarchique, en audience solennelle, toutes chambres réunies, ainsi qu'il est spécialement prescrit, par l'article 27 ci-après, relativement aux ministres et aux autres principaux agens responsables de cette puissance exécutive.

XXI. Les agens de la puissance exécutive ne peuvent, sans crime et sous peine de forfaiture, entraver ni suspendre l'action de la puissance législative et de la puissance judiciaire.

XXII. Le conseil d'état, les conseils de préfecture, de sous-préfecture et de mairie, sont divisés en trois sections, comités ou bureaux : 1° le comité de *législation*, chargé de la rédaction et discussion des projets de loi ; 2° le comité *d'exécution* ou des *ordonnances*, chargé de la rédaction et publication des ordonnances ou réglemens de pure exécution ; 3°. le comité du *contentieux d'administration*, chargé de prononcer, avec l'approbation des maires, sous-préfets, préfets et ministres, sur les conflits positifs ou négatifs entre les agens de l'administration.

Le ministère de *l'intérieur* et le ministère des *relations extérieures* sont divisés, l'un ainsi que l'autre, en neuf sous-ministères ou directions, savoir : la première, *de la religion et des cultes*; la seconde, *de l'instruction publique*; la troisième, *de l'état civil, de la justice et des formalités judiciaires*; la quatrième, *de l'agriculture*; la cinquième, *de l'industrie et du commerce*; la sixième, *des armées de terre*; la septième, *des flottes et de la marine*; la huitième, *de la police*; et la neuvième, *des domaines et contributions* (*).

Trois directions principales dépendent du ministère *des finances et du trésor :* 1° la direction *des monnaies;* 2° la direction *de la dette publique et de l'amortissement;* 3° la direction *des recettes et dépenses* ou *caisse générale.*

§ 2.

Transmission des droits du chef de l'état.

XXIII. Les droits du chef de l'état sont

(*) Voyez, sur les motifs et les développemens de cette division, l'Esprit du Droit, p. 326; et la Science du Publiciste, vol. VIII, p. 410.

héréditaires et transmissibles, sans division, dans la ligne directe, descendante et légitime, par ordre de primogéniture, à l'exclusion des femmes et de leur descendance.

Dans le cas de décès du prince régnant, sans descendans mâles, l'hérédité est dévolue au parent le plus proche du côté paternel.

En cas d'extinction de la famille régnante, du côté paternel, et, à défaut d'adoption solennellement proclamée par le prince régnant, avant son décès, l'hérédité est déférée par les deux chambres nationales, si leur choix se réunit sur un seul homme; et, s'il y a dissidence, le choix entre les deux candidats appartient à la cour-suprême judiciaire.

XXIV. L'âge de la majorité du prince

est le même que celui qui est fixé par la loi pour tout autre citoyen

XXV. En cas d'absence, de démence ou de minorité, il y a lieu à la régence.

La régence du royaume et la tutèle du prince ne sont jamais réunies dans les mêmes mains.

La régence est déférée d'après les bases principales qui servent de règles pour l'hérédité des droits du trône.

La tutèle appartient de droit à la reine-mère.

Pour les états où la couronne ne serait pas héréditaire, les articles 23, 24 et 25 seront rédigés ainsi qu'il suit :

XXIII. La transmission des droits du chef de l'état est déférée par les deux chambres nationales, si leur choix se réunit sur un seul homme ; et, s'il y a dissidence, le choix, entre les deux candidats, appartient à la cour-suprême judiciaire.

XXIV. Le chef de l'état est âgé d'au moins quarante ans.

XXV. Il exerce ses fonctions jusqu'à l'âge de soixante-cinq ans révolus.

TITRE III.

Pouvoir judiciaire.

§ 1er.

Cour-suprême judiciaire, Cours et Tribunaux.

ART. XXVI. La puissance judiciaire s'exerce, gratuitement, au nom du chef de l'état, par une cour-suprême judiciaire, par des cours et tribunaux, institués d'après les principes suivans :

1° l'uniformité de la jurisprudence ; 2° l'existence de trois degrés de juridiction ; 3° l'indépendance de la magistrature ; 4° la publicité des audiences et des jugemens ; et 5° la liberté de la défense.

XXVII. Les attributions de cette puissance sont déterminées par leur nature.

Elles renferment tout ce qui est interprétation (particulière, spéciale et de pure doctrine, et non générale, réglementaire, législative ou d'*autorité*) de la loi, en matière contentieuse, soit des citoyens entre eux, soit des simples citoyens envers les agens de l'administration, sans préjudice de l'exécution provisoire, réservée, en cas d'urgence, aux décisions administratives, sauf la responsabilité personnelle de leurs auteurs.

Chaque année, à l'ouverture de la session législative, la cour-suprème judiciaire adresse au chef de l'état et aux chambres nationales un rapport indiquant les vices ou les lacunes de la législation.

Elle ne prononce sur le fond des contestations judiciaires qu'après avoir reconnu, par un premier arrêt, qu'il y a eu violation des formes ou contravention expresse à la loi. Elle statue ensuite, en audience solennelle, toutes ses chambres réunies.

Elle exerce encore, en audience solennelle, les attributions suivantes : 1° l'examen des demandes contradictoires en réglement de juges, en récusation, en renvoi d'une cour ou d'un tribunal à un autre, pour parenté, alliance, ou autre cause de suspicion légitime ; 2° les réglemens de conflits d'autorité ; 3° les prises à partie d'une cour ou d'un tribunal entier; 4° les jugemens des ministres et autres principaux agens responsables de la puissance exécutive, soit sur la poursuite des parties intéressées, soit sur celle de l'une ou de l'autre chambre nationale; 5° les jugemens des membres de l'une ou de l'autre de ces chambres, pour crimes ou délits commis pendant la durée de leurs fonctions, dans ou hors l'exercice de ces fonctions, et ce, sur la poursuite, soit des parties intéressées, soit de l'une ou de l'autre de ces chambres; 6° enfin, les jugemens de ses propres membres, pour crimes ou délits commis, pendant la durée de leurs fonctions, dans ou hors l'exercice de ces mêmes fonctions, et ce, sur la poursuite, soit des parties intéressées, soit du ministère public, soit de l'une ou de l'autre chambre nationale.

XXVIII. Le nombre des membres de

la cour-suprême judiciaire, celui des maîtres des requêtes, auditeurs ou référendaires, attachés à chacune de ses sections, celui des membres des cours judiciaires de département, des tribunaux d'arrondissement et des justices communales, sont déterminés par une loi.

Il doit être en rapport avec la division du territoire en départemens; il peut être, dans la cour-suprême judiciaire, de un à trois par chaque cour départementale.

XXIX. Nul ne peut être élu à la cour-suprême judiciaire, s'il n'est âgé d'au moins quarante ans, et s'il n'a exercé pendant cinq ans au moins dans une cour judiciaire de département; ni à une cour de département, s'il n'est âgé d'au moins trente-cinq ans, et s'il n'a exercé pendant cinq ans au moins dans un tribunal d'arrondissement; ni juge dans un tribunal d'arrondissement, s'il n'est âgé d'au moins trente ans, et s'il n'a exercé pendant cinq ans au moins dans une justice communale; ni membre d'une justice communale, s'il n'est âgé d'au moins vingt-cinq ans, s'il n'a exercé la profession d'avocat pendant cinq ans au moins, et s'il ne jouit des biens ou du revenu nécessaire pour être électeur.

Le mode de la nomination de ces membres de la magistrature est réglé par l'art. 33 ci-après.

XXX. Les fonctions de la magistrature sont incompatibles avec toute fonction qui, de sa nature, se rattache à l'exercice de la puissance législative ou de la puissance exécutive.

Ses membres ne peuvent même, sans

crime et sous peine de forfaiture, accepter pour eux, ni solliciter pour qui que
ce soit, aucun titre, place, don, grâce
ou faveur, émanant directement ou indirectement de la munificence du chef
du gouvernement.

Il est pourvu à leur remplacement,
s'ils sont reconnus coupables d'infraction
à cette disposition, s'ils tombent en état
de déconfiture ou de faillite, ou s'ils se
trouvent sous le poids d'une condamnation, passée en force de chose jugée, emportant contrainte par corps ou privation
des droits civils, pour quelque cause et
en quelque matière que ce soit.

Ils cessent, de plein droit, leurs fonctions à l'âge de soixante-cinq ans révolus,
s'il n'a pas été procédé jusque-là à leur
remplacement; ce que les colléges électoraux ont le droit de faire, de cinq en

cinq ans, sur la provocation de sept électeurs.

Ils jouissent d'une pension de retraite
réglée de manière à ce qu'elle soit égale
au moins au quart de leur traitement.

Ce traitement est déterminé par une
loi, et il doit être tel, qu'il soit un supplément de garantie de leur indépendance.

XXXI. Nul ne sera distrait de ses juges naturels; et le cours ordinaire de la
justice ne peut être suspendu, ni par
l'interdiction des cours et tribunaux, ni
par la création de commissions spéciales,
extraordinaires ou temporaires, ni de
quelque autre manière que ce soit.

XXXII. La cour-suprême judiciaire,
les cours et tribunaux judiciaires de département, d'arrondissement et de com-

mune, se divisent en trois sections principales, et chaque section en deux chambres : 1° la chambre *civile* et la chambre *commerciale*; 2° la chambre du *contentieux judiciaire* et la chambre de *liquidation et comptabilité*; 3° la chambre *correctionnelle* et la chambre *criminelle*.

Dans la cour-suprême judiciaire, chacune de ces chambres connaît, en ce qui la concerne, de l'admission, sur requête des demandes en réglement de juges, en récusation, en renvoi d'une cour ou d'un tribunal à un autre, pour parenté, alliance, ou autre cause de suspicion légitime; et, lorsque ces demandes sont admises, elle les renvoie au jugement des chambres réunies.

§ 2.

Renouvellement des Cours et Tribunaux.

XXXIII. Les membres de la cour suprême judiciaire, les membres des cours judiciaires de département, des tribunaux d'arrondissement et des justices communales, sont nommés dans les colléges électoraux, sur la présentation de sept candidats, faite, par la cour-suprême judiciaire, aux colléges électoraux de département, par les cours judiciaires de département à ces mêmes colléges de département, par les tribunaux d'arrondissement aux colléges électoraux d'arrondissement, et par les justices communales aux colléges communaux.

DEUXIÈME PARTIE.

ÉLÉMENS DE LÉGISLATION ET DISPOSITIONS TRANSITOIRES.

TITRE PREMIER.

Élémens de Législation en matière de Droit public,
de Droit politique et de Droit des gens.

§ 1er.

Droit public (ou Droit social interne.)

XXXIV. La législation ne portera aucune atteinte à la sûreté, à la liberté, à la propriété individuelles.

L'état peut exiger le sacrifice d'une propriété pour cause d'utilité publique légalement constatée; mais après indemnité préalable.

Les charges et contributions publiques sont réparties, de la manière la plus équitable possible, sur toutes les fortunes et sur tous les citoyens.

Les impôts ne sont votés que pour un an.

Tout engagement pris par l'Etat est inviolable.

XXXV. Les opinions religieuses et les cultes sont protégés , lorsqu'il ne s'y rencontre rien de contraire à la morale universelle et aux lois de l'Etat, aux intérêts de la société et de l'humanité.

L'exercice de ces cultes est libre ; mais il doit être public.

Les lois civiles ou pénales sont les mêmes pour tous. Elles n'ont pas de rétroactivité.

La peine de la confiscation des biens ne peut être établie.

XXXVI. Les fonctions publiques ne sont ni vénales , ni héréditaires.

Les titres et dignités, les rangs et honneurs, sont personnels. Ils ne peuvent déroger au principe de l'égalité sociale, et n'emportent avec eux, ni exemption des charges et devoirs, ni immunité, ni privilège.

§ 2.

Droit politique (ou Droit extérieur, Droit des nations.)

XXXVII. L'accroissement du territoire n'aura jamais lieu par voie de conquête.

XXXVIII. La liberté des mers et l'égalité politique des nations seront respectées et défendues contre toute atteinte et violation étrangères.

XXXIX. Aucune guerre offensive ne sera entreprise, aucun traité de paix, d'alliance ou de commerce ne sera définitif et obligatoire, qu'après avoir été discutés et promulgués comme tout autre acte de la puissance législative (*Voy.* ci-dessus, art. 2.), sans préjudice des notifications et déclarations préalables faites à l'étranger.

§ 3.

Droit des gens (ou Droit commun, Droit individuel des étrangers.)

XL. Même en temps de guerre, la sûreté, la liberté, la propriété, individuelles, des étrangers qui ne portent pas les armes et qui ne sont pas reconnus en état d'hostilité, sont protégées comme celles du citoyen.

XLI. Les étrangers jouissent de l'intégralité des droits civils; et, s'ils se font naturaliser en satisfaisant aux formalités voulues par la loi, ils acquièrent la jouissance des droits constitutionnels ou civiques.

Les prétendus droits d'aubaine, de pérégrinité, de détraction, de naufrage, et tous autres contraires aux véritables principes du droit des gens, sont à jamais abolis ; et ils ne peuvent être remis en vigueur sous quelque prétexte que ce soit.

XLII. La liberté du commerce extérieur sera respectée et protégée.

En conséquence, toute prohibition d'importation ou d'exportation est expressément réprouvée.

TITRE II.

Dispositions transitoires.

XLIII. La présente constitution est loi de l'État et devient obligatoire, lorsqu'elle a été solennellement adoptée par les corps déjà constitués pour l'exercice de la puissance législative, ou librement et individuellement acceptée et signée par les deux tiers au moins des citoyens qui réunissent en leur personne les conditions prescrites par l'art. 9 pour être électeurs, ou sanctionnée et promulguée par le chef de l'État.

XLIV. Lorsque cette constitution, ainsi devenue loi de l'État, aura été observée pendant sept années consécutives, elle pourra être revue et réformée comme toute autre loi, par le concours des trois branches de la puissance législative.

FIN.

Chez MM. Levavasseur, Palais-Royal.
Mongie aîné, boulevard des Italiens.

—

L'ESPRIT DU DROIT (2 volumes in-8°.
Prix : 7 francs);
LA SCIENCE DU PUBLICISTE (11 volumes
in-8°. Prix : 77 francs);

SE TROUVENT

Chez Bossange père, libraire, rue de Richelieu,
n° 60,
près le passage Colbert.

IMPRIMERIE DE Ch. DEZAUCHE,
RUE DU FAUBOURG-MONTMARTRE, N° 11.